Pour vos Beaux Yeux

IL A ÉTÉ TIRÉ DE CET ALBUM

Treize exemplaires sur *papier du Japon*, numérotés à la presse de 1 à 13

N° 3

POUR VOS BEAUX YEUX

PRÉFACE

PAR

COQUELIN CADET

H. SIMONIS EMPIS, Éditeur

ALBERT GUILLAUME

Pour vos Beaux Yeux

ALBUM EN COULEURS

PRÉFACE

DE

COQUELIN CADET

PARIS

H. SIMONIS EMPIS, ÉDITEUR

21, RUE DES PETITS-CHAMPS, 21

PRÉFACE

J'avais juré de ne plus faire de préface. Je trouve cela si inutile d'expliquer des choses claires comme le jour, de prendre le public pour un imbécile, de lui dire : « Tu sais, Albert Guillaume est un dessinateur charmant, d'infiniment d'esprit. » Est-ce que le public ne le voit pas ? ne le sait pas ? Lui qui achète avec une furieuse ivresse tous les albums de celui qui est bien aujourd'hui un de nos premiers crayons, comme disait Murger.

J'ai déposé quelques préfaces au seuil de livres qui m'ont semblé des monuments, la haute valeur de ces ouvrages m'a seule entraîné à me soulager, a crier : « Ouah ! ouah ! ouah ! » comme l'aboyeur à la porte des hautes baraques de la foire. J'ai aboyé à la foule : « Entrrrez ! Entrrrez ! dans ces livres magiques électriques de mes amis X., Y., Z. » Et je dois dire — modestement, — que ces préfaces ont fait terriblement vendre les livres de X., Y., Z., car je ne vois plus un seul de ces livres, ni chez les libraires, ni sur les quais ; — donc ils ont été follement vendus... à moins qu'ils ne soient dans les caves des éditeurs, empilés pour toujours dans la poussière et dans l'oubli ! — (ça m'étonnerait.) Aussi quand Albert Guillaume m'a écrit : « Cadet, je veux une préface de Vous. » J'ai répondu non. Il a tellement insisté, que j'ai fini par céder, — malgré mes serments de préfacier ! — parce que je me suis dit : Avec une préface de moi, c'est effrayant ce que *Pour vos beaux yeux* va se vendre [1] ! J'ai encore taillé ma plume et je me suis mis à noircir du

1. *Je suis modeste.*

papier pour dire aux reconnaissants amateurs de notre cher et grand ($1^m,93$) dessinateur, ce que je pense de sa maîtrise dessinatrice et fascinatrice.

Oui, — reconnaissants amateurs, — j'ai toujours aimé la malice, l'élégance, le raffinement, le parisianisme excessif de ce dessin joyeusement et joliment moderne. J'ai été très souvent poursuivi par ces glacis, ces fouillis, ces retroussis de jupes délicieusement drapées, envolées, supprimées, des petites femmes aux yeux veloutés d'Albert Guillaume. — Ce grand diable blond a trouvé une femme. — Diogène cherchait un homme sans le trouver, et c'est tant mieux ! car ce n'est pas gai un homme. Albert Guillaume a-t-il cherché sa femme ? Je n'en sais rien, mais je suis sûr qu'il l'a trouvée ; — plus encore tant mieux ! car c'est bien amusant une femme... de Guillaume ! — Quel extraordinaire affriolement se dégage de ces frimousses joliettes, de ces toilettes tararaboumdehayesques ! Malgré le grand cri qu'elles poussent, ces toilettes tourbillonnantes, elles vous captivent par un goût savant ; elles donnent le *la* d'une mode de cette nuit, de demain matin... Contenez les battements de mon cœur, ô Jean et Gaston Worth ! ô Jacques Doucet ! ô Paquin ! J'adore aussi les femmes empanachées, moulées, dentelurées par Albert Guillaume !

Ses hommes aussi sont charmants ; surtout ses jeunes idiots riches et sans cheveux, ses gros bonshommes à chaîne d'or énorme sur le gilet, ses sergents de ville rectilignes ayant l'air de souffrir de Lépine dorsale, ses Anglais à casquettes jugulées, à pipes soudées au bec, ses hommes d'État sanglés dans leur noire redingote ministérielle, ses soldats goguenards et joliment français qu'Édouard Detaille aime tant, ses frais arroseurs publics, — averses ambulantes et personnelles ! — ses enfants porteurs de chiens embêtés, ses *antiques*, mâles et femelles, des si coloristes bals des Quat'-z'arts, ses portiers au sourire à la mélasse, ses danseuses, son impatient Jules Claretie chez Guadet-le-Lent, ses paysans, ses curés de campagne aux bien-veillants parapluies, et Leurs Malveillances MM. les Critiques d'Art, et ses Ondoyantes Sirènes, joies suggestives des aquariums !

Il a trouvé pour chacun de ses bonshommes une vie comique et satirique qui enchante l'observateur.

Et pour finir d'aboyer, un souvenir.

Je n'avais jamais vu Albert Guillaume, ni son frère, qui est un architecte remarquable. Un jour, au Palais de l'Industrie (qu'il est déjà loin !) à un vernissage, je vois passer une jeune femme d'une grande beauté, devenue aujourd'hui une artiste de talent. Elle était escortée par deux géants, — un blond et un brun. — Je fus frappé de la beauté de ces trois êtres. Je demande qui sont ces formidables jeunes hommes, marchant aux côtés de cette jolie femme habillée comme une princesse de féerie moderne ? On me répond : « Ce sont les frères Guillaume, Albert et Henri. » Ces deux hommes rappelaient par leur envergure deux chênes ; moi, j'étais très mince cet été-là, j'avais l'air d'un roseau à côté des deux Guillaume. C'était un vrai sujet de tableau : — Les Chênes et le Roseau.

Peu de temps après, on nous présentait, Albert à moi, moi à Albert. Je fis aussi la connaissance d'Henri et je pus alors me vanter de connaître, en dehors de leur talent, deux hommes vraiment forts. C'est pourquoi je ne vous demande pas, — reconnaissants amateurs, — pour que vous passiez de délicieux instants, d'acheter tout de suite *Pour vos beaux yeux*. L'album est déjà votre propriété. Vous vous esclaffez en le feuilletant ? Et il y a de quoi. Continuez.

COQUELIN CADET.

LE SÉJOUR D'UN CLIENT SÉRIEUX A L'EXPOSITION

« Sur nos régions, il souffle un vent d'économie. »
ÉLEUTHÈRE MASCART,
Directeur du Bureau Météorologique de Paris.

En ma qualité de correspondant nécrologique du « Phare de Tourcoing » la Compagnie du Nord m'a délivré un permis, et je suis venu à l'œil...

Je suis descendu chez les Guibolard, de vieux amis de ma famille, qui ne se rappelaient pas très bien de moi... mais peu importe, les hôtels sont trop chers !

Exposant, comme tout le monde, je n'ai bien entendu pas déboursé un centime pour entrer à l'Exposition.

Sous prétexte de « petit déjeuner du matin » j'emportais de chez Guibolard les provisions nécessaires pour mes deux repas.

Tout le travail consistait à éviter les sièges payants, inutile de vous dire que j'y suis parvenu...

Comme je ne suis pas mal de ma personne, j'ai tenu, avant de partir, à faire un petit cadeau à la bonne.

AU PALAIS DES ILLUSIONS

— *C'est merveilleux!... mais pourquoi les séances sont-elles si courtes?*
— *Ah! Ernest... vous savez bien que si cela pouvait durer... ce ne seraient plus des illusions.*

SOYEZ POLI

— *Rue de Paris, qu'est-ce qu'il y a à voir de joli?*
— *Espèce de malappris, c'est à moi que vous demandez ça!...*

SENSATION NEUVE

— *C'est bien la première fois que je me fais rouler par un homme!*

CRITIQUE DRAMATIQUE

— *Après le deux, tu viendras dans notre loge... Si je te dis « c'est épatant! » c'est que ça colle pour demain... Si je te dis « c'est idiot! » y a rien de fait!*

EN VUE DU PORT...

Bien que M. de Galliffet ait été un peu souffrant pendant la traversée, bien que les vieux loups de mer Lanessan et Monis aient subi de redoutables assauts, bien que le temps ait été trouvé par M. Leygues long, bien que l'astucieux Millerand ait essuyé quelques paquins, pardon... quelques paquets de' mer, la vigie vient de crier : « Terre!... » Il n'y aura pas eu de sauvé que la République!

CONTRE LES RISQUES DU JOUR DE L'AN

Nous signalons à l'attention de nos lecteurs la création d'une nouvelle Compagnie d'assurances dont la nécessité se faisait, de Jour de l'An en Jour de l'An, plus pressante : nous avons nommé « l'Assurance contre les risques du Jour de l'An ».

Au prix d'une faible redevance, l'heureux « assuré » voit approcher sans crainte, et le sourire aux lèvres, la date fatale du 31 décembre, car un personnel nombreux et choisi (ressemblance garantie) se chargera pour lui de toutes les corvées dites « du Jour de l'An ».

L'employé n° 11 ira rendre visite à l'oncle malade ; il aura, mieux que l' « assuré » lui-même, les paroles d'affectueuse consolation et de tendre attachement propres à maintenir l'intégrité des héritages les plus hésitants.

L'employé n° 100 se chargera des étrennes aux vidangeurs, facteurs, porteurs de journaux, balayeurs, télégraphistes, etc., etc. (une bonne parole à chacun, 50 centimes en plus).

L'employé n° 69 (le plus cher : indemnité de chaussures vernies, distinction et gants frais garantis) ira chez la belle Madame, baisera la main, et remettra un bibelot art nouveau, style ténia (les mots d'esprit se payent à part).

L'employé n° 22 ira chez la bonne amie de l' « assuré » et saura expliquer comme quoi la baisse de la Rente, les procès de la Haute Cour, la guerre du Transvaal, etc., l'ont empêché de faire pour elle, cette année, ce qu'il... etc., etc. (les voies de fait se payent en supplément).

LE CHIEN D'ALCIBIADE

Une nouvelle dont l'exceptionnelle gravité n'échappera à personne vient de se répandre dans Paris : M. Carolus Duran s'est décidé, après de longues hésitations, à faire raser sa barbe.

(La Presse.)

« — Satané Carolus ! Voilà bien de ses coups ! s'écrie M. Rodin, auquel nous apprenons la nouvelle. J'allais précisément me faire raser pour qu'il soit question de moi avant l'Exposition ! Maintenant, c'est usé ! Que faire ?.. Carolus m'a coupé la barbe... pardon l'herbe sous le pied ! »

M. William Bouguereau, qui est infiniment moins aimable que ses nymphes, nous a simplement prié de ne point le raser à son tour...

M. René Billote nous déclare ne point vouloir imiter M. Carolus Duran : « — J'ai trop d'admiration et de respect pour le Maître... Si je me fais raser quelque chose, ce sera le front ! »

« — Carolus a parfaitement raison ! » conclut le grand peintre Louise Abbéma, qui, bien avant Benjamin Constant et Forain, a donné le bon exemple en renonçant au port de la barbe.

M. CHAMBERLAIN CHEZ LE PHOTOGRAPHE

« M. Chamberlain, très désireux d'offrir son portrait à Sa Gracieuse Majesté avant qu'elle soit devenue tout à fait aveugle, s'était rendu, cette semaine, chez un des premiers photographes de Regent-Street...

« Soit que l'appareil fût de fabrication allemande ou d'origine française, à moins qu'il ne vînt de Russie ou peut-être d'Italie, toujours est-il qu'au développement le cliché produisit — ô mystère! — les traits de qui?... De M. Crispi!!! »

DERNIERE HEURE. — « Le photographe vient d'être condamné d'office à trente ans de « hard-labour ».

Pro domo sua...

LE BON MOYEN

... Si demain Parisiens, provinciaux et étrangers ne trouvaient plus de fiacres, leur colère prendrait la note aiguë.
(Le Journal.)

LES QUAT'Z'ARTS A L'OPÉRA

Les QUAT'Z'ARTS et leurs douces compagnes vivaient heureux dans l'Héden nommé Moulin-Rouge, lorsqu'un jour le Serpent leur dit : « Pourquoi n'iriez-vous pas au Bal de l'Opéra? Je vous donnerai des billets, et le champagne sera à l'œil!... »

Lorsqu'ils eurent goûté aux fruits de l'Arbre qui donne la science du Bien et du Bal de l'Opéra, leurs yeux furent ouverts, et ils connurent qu'ils étaient nus...

Ils furent chassés de ce Paradis terrestre par l'Archange municipal, et condamnés (sans application de la loi Bérenger) à l'ennui, à l'habit noir et à gagner le prix des bocks à la sueur de leur front...

MÉDITATION SUR LA BOUE

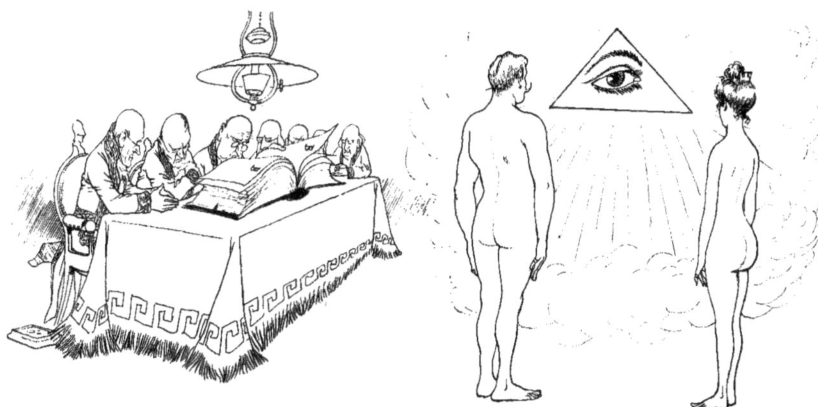

D'après le Dictionnaire. — **BOUE,** subs. fém. (celtique *baw*). Terre détrempée et grasse qui recouvre souvent les chemins. — *Au figuré :* Traîner quelqu'un dans la boue : *le diffamer, le recevoir à l'Académie,* etc.

D'après les Écritures, la boue servit à Jéhovah, sous le nom de « limon de la terre », pour créer l'homme, et, sous le nom d' « argile idéale », pour créer la femme.

La boue rencontre des indifférents…

Des exploiteurs…

Des ennemis…

et aussi des partisans…

LA PREMIÈRE DES FRANÇAIS

On annonce comme très prochaine la première du nouveau Théâtre-Français; néanmoins la date n'est pas encore fixée.

(*Courrier des Théâtres.*)

« *Vous voyez, nous dit l'aimable M. Claretie, les travaux sont très avancés.... Si nous ne jouons pas le soir du 14 juillet, c'est qu'un détail de mise en scène ou de costume nous aura mis en retard.* »

Bien qu'il ait déjà donné deux fois sa démission, nous avons cru devoir prendre l'avis de M. Le Bargy : « C'est bien simple, nous répond le sympathique sociétaire, si nous ne jouons pas le 14 juillet de cette année... je donne ma démission ! »

La rareté des fiacres et l'insécurité des tramways ne nous ayant pas permis de pousser jusqu'à l'Odéon pour interroger les autres sociétaires, nous sommes allés consulter Mme de Thebes. « Quand sera-t-on prêt? » demandons-nous à la célèbre devineresse. Croyant qu'il s'agit du Château-d'Eau, elle nous répond : « Fin novembre. Quant aux Français, je ne sais pas... c'est trop loin... »

En désespoir de cause, nous montons chez M. Guadet, l'éminent architecte, qui nous reçoit très aimablement et dit, en nous offrant deux billets pour la première : « Je n'ai que deux fauteuils : je vous les donne, car je ne verrai certainement pas ça... D'ailleurs, je n'ai pas mis de date, afin que vos héritiers puissent en profiter. »

La sève se met doublement en mouvement ce printemps-ci.

Le Printemps inspire des regrets aux uns...

Des velléités aux autres.

Au Printemps, la saison des huîtres cesse, mais celle des critiques d'art commence... similia similibus curantur.

« MON ODÉON, OÙ LE MET-ON? »

Cette question, qu'on pourrait croire posée par M. Ginisty, constitue le nouveau petit jeu à la mode, ce printemps, dans tous les salons parisiens...

Chacun doit répondre à son tour par une rime en « on » : les uns disent « à Châtillon », ou bien « à Meudon »; beaucoup répondent « à Robinson » pour plaire à M⁽ˡˡᵉ⁾ Sorel qui montait si bien à cheval dans les « Fourchambault »; d'autres, moins aimables, répondent « à Charenton »... ça n'est pas du Rostand, mais ça peut aller tout de même...

Les gens qui se trompent en répondant « au Gymnase », par exemple, payent des gages en argent dont le montant intégral est remis à M. Ginisty, qui distribue ces secours aux pensionnaires de l'Odéon, victimes du chômage.

LA CONSIGNE EST DE DANSER

Le nombre des officiers présents aux fêtes officielles ayant été jugé insuffisant, le ministre de la guerre prescrit aux chefs de corps de désigner dans chaque régiment les officiers qui devront danser aux bals des ministères.

(Circulaire ministérielle du.........)

En exécution de la présente circulaire : 1° MM. les colonels choisiront soigneusement parmi les officiers de leur régiment ceux que leurs aptitudes appellent plus spécialement au genre d'exercice requis...

2° MM. les colonels en grande tenue commanderont la manœuvre. Au commandement de : « En avant ! » les officiers danseurs porteront vivement le poids du corps sur la jambe droite; au commandement de : « Marche ! » les officiers danseurs partiront du pied gauche et offriront le bras droit tendu, sans le raidir, aux danseuses placées devant eux...

NOTA BENE. — *Afin d'affirmer la suprématie du pouvoir civil, les danseuses tant soit peu jolies seront réservées aux seuls habits noirs. Les officiers punis d'arrêts seront désignés d'office pour les danseuses vraiment laides et âgées.*

LES SIFFLETS DE M. LÉPINE

M. Lépine vient de munir d'un sifflet les agents de la brigade spécialement chargée, sur les grands boulevards et au carrefour Drouot,
du service des encombrements.

(Les Gazettes.)

*Depuis l'application de sa malencontreuse ordonnance,
ce pauvre M. Lépine, qui n'a même plus la ressource de
s'arracher les cheveux, est assailli de réclamations…*

*C'était, hier, un Anglais sifflé par un agent en plein
boulewar (office), qui est « allé le dire » à M. Delcassé…*

*C'est, aujourd'hui, entre autres dramaturges vexés,
M. Octave Mirbeau, auquel les agents siffleurs rappel-
lent les plus mauvais jours des « Mauvais Bergers »…*

*Ce sera, demain, un membre de la nouvelle Haute Cour,
qui aura été se plaindre à ce bon M. Fallières.*

*Bref, le principe est bon, mais le choix de l'instrument
est fâcheux. Pourquoi ne pas adopter, à l'occasion du
Carnaval, la trompe de chasse ?…*

*Ou, plus logiquement, pourquoi ne pas frapper simple-
ment sur une bonne casserole ?*

PRÉPARATIFS POUR L'EXPOSITION

— *Ton thème allemand n'est pas mal… mais la version portugaise est bien faiblarde !*

RUE DE PARIS

Si la Commission d'incendie la voyait !

PROBLÈME

— *Soixante millions de visiteurs en 1900… Combien ça fait-il d'hommes ?*

AU RESTAURANT DE L'AQUARIUM

— *Ainsi, vous qui êtes blond…*
— *Qu'est-ce que vous en savez ?*

INTERVIEW DE M. DELCASSÉ

« — *Vous voyez… je suis en plein travail… J'ai fait venir le professeur de gymnastique du quai d'Orsay, et nous cherchons ensemble une nouvelle politique… J'ai renoncé à la politique du poing tendu et, quoi qu'en dise M. Firmin Faure, je ne veux pas de la politique du dos tendu… Je ne veux pas davantage de la politique des bras croisés dont a parlé M. Denys Cochin… Alors, nous cherchons…*

« *Tout ça ne peut pas s'arranger au pied levé, quoique je sache mon métier de ministre sur le bout des doigts… Je ne peux pourtant pas adopter une politique de jambes en l'air ! M. Bérenger ne l'admettrait pas.*

« *Le rêve serait d'obtenir une politique bien assise… Mais vous voyez comme c'est commode !*

SANS COMMENTAIRES

Hier vers trois heures de l'après-midi, place de l'Alma, un chauffeur (dont la seule excuse était la hâte, bien compréhensible après tout, de visiter l'Aquarium de Paris et les Bonshommes Guillaume) passait à une allure évidemment exagérée, lorsqu'il écrasa un jeune chien dont l'identité n'a pu encore être établie. Les deux agents cyclistes Kogne et Roussin, témoins de l'accident et n'écoutant que leur courage, se précipitèrent à la poursuite de l'automobiliste fuyant à tout pétrole...

A l'heure où nous écrivons ces lignes, la poursuite continue...

LA GRÈVE DES BLANCHISSEURS

Les Parisiens, justement inquiets, mirent en lieu sûr leurs dernières chemises...

D'autres, pris au dépourvu, se mirent courageusement à la besogne...

M. Chauchard et M. le baron de Rothschild purent seuls se permettre de changer de chemise ce matin-là...

Dieu merci, tout est arrangé maintenant ! Si vous voulez vous en convaincre, passez un soir « Rue de Paris », vous verrez s'il y a du linge!...

EN CANICULE

IMPRIMÉ

PAR

CHAMEROT ET RENOUARD

19, rue des Saints-Pères, 19

PARIS

Clichés de la Maison PUCHOT et Cⁱᵉ

115, rue Notre-Dame-des-Champs

PARIS